엉금엉금 터벅터벅

영금영금 터벅터벅

김기상 제3 시집

육일문화사

● 제3 시집

『엉금엉금 터벅터벅』에 부쳐

2019년 가을에 우리 부부는, 캘리포니아의 프리몬트에서 유치원과 유아원에 다니는 두 손주들과 석 달쯤 즐거운 날들을 보낸 적이 있었다.
 표지 그림인 거북과 낙타는 그때 손주들로부터 1달러씩에 구입한 작품들이다. 이 그림은 4년째인 지금도 내 서재의 벽 한가운데에 걸려 있다.
 솔벗에 머물 때는 날마다 몇 번은 눈이 가는 작품들이다. 그래서 내가 붙인 두 작품의 이름이 <엉금엉금 터벅터벅>이다.

 퇴임 후 솔벗에 새 터전을 마련하면서 우리 부부는 자연스럽게 거북처럼, 낙타처럼 서둘지 않은 새로운 삶을 향해 걸어가고 있다.
 여기에 올린 시편들도 이런 우리의 새로운 삶의 흔적들과 크게 다르지 않다고 생각한다.
 그래서 내 제3 시집의 이름도 <엉금엉금 터벅터벅>으로 정했다.
 내 시와 삶도 그림처럼 분답지 않고 여유롭기를 기대하면서 모든 일에 감사하고 있다.

이 시집의 출간에 많은 도움을 준 60여 년 친구 서울의 정태환 원장과 원고를 반듯하게 정리해준 봄내 류영남 형, 늘 관심의 끈을 놓지 않고 격려해 준 아내와 가족들에게도 고마움을 전한다.

2024년 가을빛이 완연한 금정산 기슭에서

갈샘 **김이상**

| 차례 |

제1부 내 노래

13 • 솔벗의 향기
15 • 화전花煎
16 • 달과 산
17 • 꽃밭 냄새
19 • 너 때문에
20 • 쑥
21 • 애기똥풀
22 • 새벽에
23 • 텃밭에서 부처를 만나다
24 • 공생共生
25 • 우포늪 한 조각을 화단에 옮기다
27 • 씨 넣기
29 • 오월의 끝자락에
31 • 법문처럼
32 • 여름 한낮
33 • 변화
34 • 산자락에선
35 • 감물을 들이며
36 • 9월에
37 • 얼음과 벌새
38 • 기다려야지
39 • 눈 내리는 아침에
41 • 그리움으로
42 • 내 노래

제2부 하루의 소망

45 • 풍경風磬
46 • 자란紫蘭
47 • 불두화佛頭花
48 • 다시 늦은 가을에
49 • 웃음
51 • 닥나무의 외출
52 • 내 모습에게
53 • 혹한
54 • 메주콩을 삶으며
56 • 산에 오르는 날
57 • 폭우
59 • 쌍무지개 뿌리를 보았는가
60 • 코뚜레 꿰는 날
62 • 감을 깎으며
63 • 산촌엔 눈이 내리고
64 • 외다리 갈매기
66 • 햇살 좋은 날에
67 • 콩의 꿈
69 • 봄 기운을 안고 눈이 내리다
70 • 눈길 터지다
71 • 비 오는 날에
72 • 달밤
73 • 갑오년의 고당봉
75 • 하루의 소망

제3부 일상의 소중함

- 79 • 낙동강 스캔들
- 81 • 우물의 전설
- 83 • 치수(-數)
- 84 • 갈림길에서
- 85 • 소문에 대하여 1
- 87 • 소문에 대하여 2
- 88 • 머리카락
- 89 • 시에 대한 사랑
- 91 • 꽃향기
- 92 • 길이란
- 93 • 색깔에 대하여
- 94 • 지켜보기
- 95 • 마음의 길
- 96 • 꽃상여 타고
- 98 • 반쪽의 귀환
- 100 • 시론詩論
- 102 • 이별
- 104 • 선물
- 105 • 6월 12일
- 107 • 동물원에서
- 108 • 북대암에서
- 109 • 어?
- 110 • 꿈의 날개를 편 그대들에게
- 111 • 일상의 소중함

제4부 **바위의 꿈**

115 • 만어사에서
116 • 월악산에서 자라는 미소
117 • 찻잔에 뜬 그림
118 • 임어당 선생
119 • 바위그림
120 • 수변공원
121 • 별에의 꿈
122 • 골레타 잔교(pier) 위에서
124 • 다시 골레타 잔교에서
125 • 마이산 1
126 • 마이산 2
127 • 연곡사燕谷寺에서
128 • 먼 여행
129 • 다시 아홉산에서 진달래꽃을 만나다
130 • 나리 분지
131 • 홀로 산다는 것은
132 • 성인봉
133 • 유엔기념공원
134 • 뉴욕 Centeral Park에서
135 • 양명산陽明山과 임어당林語堂
137 • 천왕봉에서
138 • 초원의 일몰
139 • 만남
140 • 바위의 꿈
141 • 활짝 웃는 〈부산한글〉

제 1 부

내 노래

솔벗의 향기

용암봉의 울울한 솔숲이
소천봉 천제봉 백암봉에 어깨를 걸고
맑은 바람 한 줄기를 내려놓는 곳
앞산 자락들
겹겹의 생명띠 만들어
흐르고 흘러
운문천에 발을 담그는 곳

별들 쏟아지는 화심花心의 복지에
정으로 엮은 솔벗들의 둥지

눈 비비고 창문 열면
새소리 바람 소리 벌레 소리 물소리
다투어 밀려들면 인사 반갑고
밤 내내
별빛으로 몸을 씻은 푸른 생명들
너울너울 춤사위로 아침을 여는 곳

맑고 매운 햇살들
한낮 내내

사이좋게 웅성거리며
텃밭 채소들을 여물 키우듯
솔벗의 무심無心들도
해바라기로 화답하는 곳

별이 뜨고
저만큼 넉넉한 달이 웃으면
하늘은 대중없이 내려와 머리 위를 맴돌고
오롯한 가부좌로
마음을 열면
나도 어느새 별 하나 되어
열심히 세진을 씻어내는 곳

고추잠자리 날갯짓으로
가을바람 반갑게 손을 내밀며
성큼 우리를 찾아오는 날
별밤의 사랑은 더 큰 아름다움 되어
푸근한 솔벗의 향기로 피어나리라.

화전 花煎

산길 호젓함에 젖어
장끼의 사랑가도 휘감기는데
봄빛 어루만져 마음 열고
가지마다 피어난 나비의 꿈
연분홍 사랑으로 너붓거리네

지짐질로 몸을 낮춘 찰부꾸미 위에
접었던 다섯 날개 가볍게 펴고
춤사위로 발그레한 몸을 누이며
말끄러미 쳐다보는 순결한 열정
무심이다

꽃무늬 접시 위에 접꽃이 피어
덩달아 화안해진 속세의 창
닫아도 닫히지 않는 요술의 세계.

달과 산

달이
바람 데불고
아름드리 소나무
잎을
머금다

산이
달만큼 높아
맑은
솔잎 끝에서
숨을
고르다.

꽃밭 냄새

꽃밭에선 꽃 냄새가 난다
무더기로 핀 작약 꽃잎에서는 너울거리는 작약 냄새
자잘한 데이지 꽃몽오리에선 순결한 하얀 데이지 냄새
칼잎 받친 붓꽃 머리에서 선한 보랏빛 붓꽃 냄새
늘어진 가지 끝 대롱거리는 불두화 송이마다엔 맑은 풍경 냄새가 난다
꽃밭에선
바람 냄새도
우거진 오월의 녹음 냄새도
파란 하늘에서 낙하하는 햇빛 냄새마저
뻐꾸기 소릴 만나 꽃 냄새를 피운다

저축은행에선 돈 냄새가 난다
밝은 형광등 불빛 아래서 자란
탐욕과 음도들
검은 가면을 데불고 피운 돈 냄새가
서녘 산자락 눈썹달에 걸려 있다

눈 비비며 창문 여니
꽃 냄새 가득한 아침 바람 한 줄기가
꽃밭을 안고 왔다.

너 때문에

산이 첩첩이면
구름이 미워하고
구름이 첩첩이면
산이 힘들어하고

솔숲에 깃든 구름
펴는 날개마다 생명 넘치고
구름 입은 산들마다
한여름 재운 푸름이
비쭉비쭉 기지개하고 있다

산에나
구름 속에나
산새 소리 낭랑한데
내
욕심내어 삶을 불러도
구름이 지치면
풀숲이 안아준다.

쑥

해쑥이
살을 맞아
몸피 불리느라
고개 내민다

어디선가
냉이 내음 실은 바람
몸을 낮추자
맑은 웃음들이
와르르
쏟아진다.

애기똥풀

노란 네 잎 꽃덩이
봄바람에
몸 맡기고 자장가 듣고 있다

어머니가 들려준 노랫가락마다
애기똥
같기도 하고
똥풀
같기도 한
순수한 사랑
잔털에 젖어 흘러내리고 있다

아무에게도 속내평을 보이지 않던
하늘을 향한 관管다발의 꿈
애기의 마음속에서만
애기똥으로 생명을 키워가고 있을 뿐.

새벽에

보이지 않는 마음
들여다보니
한 송이 꽃봉오리
벙그러질 듯
밤하늘의 별
무심히 빛나듯
어느새
제 모습 웃음으로
피어나네.

텃밭에서 부처를 만나다

작은 텃밭에 큰 우주가 숨어 있다
숨은 우주가 고개를 내밀 때
모두는 숨을 고르고 긴장해야 한다
햇볕 위에
바람도 지나가고
다듬어진 산새 소리 새로
벌과 나비들의 삶이 꽃잎처럼 흐른다
별빛이 때론 달빛을 만나고
작은 우화寓話의 아픔들이
넌지시 손 내밀며 수작하는 무대
무욕이 짐이 되어
우주는 난장으로 가라앉고
얽힌 실타래 풀릴 기미가 없을 때
텃밭엔 무수한 부처님이 참선 중이다.

공생 共生

맑은 하늘이 푸른 바람 데불고
용암봉 좌우 날개 속으로
낮은 포복을 하는 중이다

짙은 숲 가지 사이
목욕으로 신이 난 멧새들
풀들과 손잡고 속삭임이 싱그럽다

보름 남짓 사라진 비 소식에도
이끼 키우며 흐르는 계곡 물소리에 놀라
잡목 모세관들 열심히 눈물 흘리고 있다

콩밭에도 고추밭에도
밀짚모자에 얼굴을 묻은 등 굽은 농부는
한 그루 움직이는 푸른 나무다

세진에서 벗어난 한 폭의 액자 속
공생이 산자락의 화두다.

우포늪 한 조각을 화단에 옮기다

태풍의 예행 연습인지
나뭇잎을 할퀴는 바람의 심술이 예사롭지 않고
산봉우리 감싼 숨 가쁜 구름들의 춤사위 무시로
다가오는데
내 작은 우포늪에는
굵은 빗방울들이 작곡 중이다
억년 세월 속에서
피고 진
생명의 아픔들이
수채화처럼 서 계를 연
환한 늪

웃음을 담아
달포 전
옮겨 놓은 작은 우포늪에도
어느새 빛나는 우주의 사색이 시작되었구나
삶이
한결같이
세월의 더께만으로 설명될 수 있으랴
떠도는 마른 잎 몇 조각에도

성긴 부들 그림자 물비늘 되어 드리워지고
헤엄치던 올챙이 몇 마리
바람 소리에 귀 기울이며 선정에 들다

내 작은 화단 속에도
어느새 우포늪의 지혜가 하늘과 마주하고 있었다.

씨 넣기

한여름 텃밭에는
아삭아삭
겨우내 씹은 배추 냄새가 난다
김장독 덕분에
하지 무렵까지 무 뿌리도 와작거렸다

처서 무렵 하늘 덕으로
맑은 이슬이 듬뿍 내린 날
며칠 일군 텃밭에
무 배추를 넣었다

비빔밥처럼
잡동사니 풀거름을 뿌려
흙을 섞고 있는데
개미도 지렁이도 위험 신호다

가을비 내리고
신선한 솔바람이
동요처럼 지나가는 날

버리고 버린 세속의 욕심
무 배추 알배기로
날개 돋겠다.

오월의 끝자락에

한동안
뻐꾸기가 밤낮으로 울어대더니
오월도 산자락 녹음 사이에서
바람과 숨바꼭질이다

아침 커피의 향이
행복의 기억 속에 잦아들 무렵
잿빛 산새 유리창에 앉아 눈을 맞추다

거실의 비밀은 좀 알아냈을까
머리를 열심히 흔들며
확인하듯 들여다보는 눈동자의 천진함으로
내 삶의 순수도 긴장감에 잠긴다

땀 흘리며 사랑한 꽃들
남새밭에서 뿌리 내린 어린 모종들
무시로 계곡 물소리와 어울리더니

기어이
오월이 가기 전에

참한 웃음의 날개 쟁인 선물
산새 한 마리를 보내었구나!

법문처럼

아이리스와 붓꽃 사이
모진 서릿발 갉아내고
피어 올린 힘찬 움들
형제이면서 남이다

송홧가루 흠씬 먹고
너풀거리는 신록마저 시샘하듯
보라
순백의 꽃잎들이 다투는
순수한 외침

이슬비 내리고
행여 바람마저 숨을 고르면
슬며시
법문으로 다가오는 꽃들의 수런거림
꽃밭에선 가끔씩
또
가끔씩
가벼운 죽비 소리로
오월이 익어가고 있었다.

여름 한낮

미루나무 잎사귀에 걸린 햇살
푸른 하늘 삼킨 거울이네
매미란 매미 모두 불러 모은
현란한 합창의 지휘
거울 속에 모두 모여
휘 – 이 젓고
빠르게 탈출하는 빠알간 소리들

내 눈에도 소리들 들어와
체온 높이고
잦아진 기계음에 실려 내리는
무거운 바람 맞으며
고운 살결 거부한 느티나무 아래
쫙 편 부챗살 타고 넘는
치맛자락 같은 냉기를 흔들고 싶다.

변화

바람마저
꽃향기에
취한
봄날의 속삭임이
와자한
매미 소리 데불고
녹음 재촉하더니
감나무마다 매달린
숙성한 사색들
무심으로 다가와
나를
보듬네.

산자락에선

비 내리는 밤 내내 산자락에선
작은 우주 성쇠盛衰 했을까
그들이 나눈 이야기
비밀의 울타리 만들어 가며
온갖 무늬 단풍잎처럼 치장은 이루어졌을까

가을비 그친 이른 아침
백암 낙화 보두산 자락에선
골골이 물안개가 기지개를 켜고
잠이 덜 깬 눈비빔으로는 가늠되지 않는
늙은 화가의 거친 붓이
저렇게 천둥 치듯 흐를 수 있는 것일까

자연이 내게 내민 착한 심성들
세진을 씻어낸 여린 마음으로
보듬고 또 보듬어 보며
산자락의 얘기가 만들어 가는 생명의 흐름
무심한 한 줄기 바람 되어 따르고 싶다.

감물을 들이며

가을볕이 좋은 오후 익은 감을 깎았다
껍질을 빻아 감물 만들어
구겨진 긴 광목 감물에 담갔다

흰 천은 물을 가시며 몸빛을 다듬었다
정성 다해
서두르지 않는 시간이
고운 물빛으로 번져났다

서두르지 않는 시간
내 삶에 없힌 화두다
화두를 감물에 담갔다
서서히 익어가는 삶의 흔적들

내일은 더 맑은 감빛으로
화두 되며
손짓하는 당신에게 다가가야지.

9월에

짠지 같은 서울 사람들이 두려웠는가
좀체 접근하지 않던 태풍의 아들 하나
매운 곤파스가 수도권을 관통하던 날
솔벗 하늘에는 잠자리 가득 날고
바람의 작란作亂질에 바쁜 구름들만
맑은 9월의 서곡으로 머리를 감다

풍성해진 가을 햇살로
꽃은 더욱 한가로워지고
벌 나비 춤사위마다에는
밤내 내린 별빛으로 자란 사랑이
무시로 웅얼댄다

언제 한 번쯤은
무심으로 돌아올
너를 기다리며
풀포기에 묻혀 기도하고 있는 나에게
야박한 한 줄기 바람처럼
못이 되지 않기를……

9월에는 수채화 속의 맑은 물빛이 되고 싶다.

얼음과 벌새

밤새 지붕 위로 험한 삭풍朔風의 행진 소란터니
먼 하늘 소리 불러들여
수련睡蓮 확 아가리에 영롱한 수정을 담았구나

빛나는 하늘로 바람이 푸름을 더할 때
마당귀에 서서 가을을 지킨 자디잔 노란 국화 송이마다
긴 장대 앞세우고 찾아온 벌새 춤이 장관이더니

이 지독한 겨울의 한복판에서도
햇빛에 빤짝이는 둥근 얼음 확을 바라보면서
가장 작은 몸피에도 부끄럽지 않은
현란한 춤 벌새의 그림자 그리워지다니

얼음이 남풍 따라 자취를 감추는 날
너의 긴 깃대 위에는
작고도 매운 승리의 깃발이 휘날리리라.

기다려야지

눈길을 걷는다

보름 남짓 기다리면
유사有司집 매화 등걸에도
화설花雪 자욱할 텐데
기어이 기다리지 못해
설화雪花 만발하다니

예기치 못한 심술에도
푸근한 눈빛 잃지 않고
따뜻한 가슴 더욱 두텁게 덮어
화사한 봄 길
바람으로 안내하나니

뜻하지 않은 눈길 걸으며
얼룩진 과욕의 소문들
닦고 또 닦는 수고로움에
그대 맞이한 웃음 하늘이었네.

눈 내리는 아침에

창문을 여니
가슴이 화-안하다

머리가 맑아
새벽 운신이 가볍더니
밤새 너의 비손이
질긴 미진微塵을 털었었구나

고마우이

여린 연민으르
쌓인 심장의 블들
켜켜이 쌓아놓고
머리 싸맨 지 오래인데

잠시 골짜기이 머물다가
등성이로 넘어간 바람 같을지라도

고마으이

이처럼 안겨준 무심의 세상
씻고 또 씻다 보면
맑은 자국 길이 되어
너를 닮을 수도 있잖겠는가.

그리움으로

밤이 이슥한데
더욱 다정히 다가와 입맞춤한 뒤
냉정히 꼬리를 내리고
무정한 눈물처럼 소식을 끊는
눈송이의 아픔을
당신은
그리움으로 닦아본 적이 있는지
불빛으로 벗기운 채 수런거리다가
누운 자리마다 어둠을 덮고
내 꿈속으로 자리를 옮긴
순수의 그림자, 그림자여

지실재 소나두가 더욱 푸르러
밤새 눈길에 묻은 바람 따라
산새 몇 마리 길 안내를 하지만
언제
때 묻은 세상 걱정으로
무심한 눈발처럼 흩날리며
눈 덮인 산길을 오를 수 있을는지

오늘은 눈꽃으로 숨이 가쁘다.

내 노래

봄꽃 좋아
봄 노래 부르고

여름 그늘 좋아
여름 노래 부르고

가을 빛깔 좋아
가을 노래 부르고

겨울 벌거숭이 좋아
겨울 노래 부르고

그 노랠 어깨동무하고
내 삶 춤으로 흘러가네.

제 2 부

하루의 소망

풍경 風磬

물고기의 울음 하늘에 닿아
당신의 무심
선한 바람 줄기 되어
꽃잎마다
잎새마다
정수리마다에
한 다발씩 한 다발씩
웃음 쏟아 놓고

파아란 하늘 낮게 당겨
당신의 순수
눈부시게 매달아 놓고
산자락마다
계곡마다
마음마다에
한 아름씩 한 아름씩
내일 쏟아 놓고.

자란紫蘭

산색에 이른 봄 기운이 일면
자란 여남 촉이 고개를 내민다
해마다 그들이 벌이는 축제다

겨우내 몸을 숨기고 지낸
땅속이 지겨웠을까
며칠 더 촉각을 세워 기다렸으면
꿋꿋이 자력의 힘을 길렀을 텐데

밤부터 찾아온 꽃샘의 위력
올해도 온정은 베풀지 않고
여린 촉끝에 형벌을 내리다

어디 자란만 그 모양인가
어설픈 과욕은 지천에 널려
눈과 귀를 씻어야 할 소식들
한 아름씩 봄바람에 실려 보내고 있지 않는가.

불두화 佛頭花[*]

솟은 땅 내린 하늘
자비의 정 비손 모아
부처님 보시로
세상을 열었으니
성스러운 한 줄기 빛
영원한 공양 우담바라여.

---

[*] 금동불의 이마에 핀 우담바라의 사진 한 장을 얻어 붙여본 이름임.

다시 늦은 가을에

배내골이 화려하다

농염한 단풍 무리 불도저에 찍히다
GOLF CC
SKY LIFT
WATER PARK
RESORT
배꽃 흐드러진 물길은 전설이다
ASPHALT LINE
PENSION
YOUTH HOSTEL
MY CAR

철구소에도 가을이 깊다
물소리와 바람의 얘기 다정하다
가끔씩 하늘 위로 검은 산새들 날고
산색을 닮은 산객들이
놀란 단풍들을 떨어뜨리고 있다
이제 배내의 가을도
외진 물길에서나 마음을 움직인다.

웃음

땅인가? 하늘인가?

저렇게 큰 웃음으로
보란 듯 피어난 꽃들에게
살며시 묻고 귀 기울이면

뭘 거창히

나를 피워낸 건 봄내지요
나풀거리며 쯔르르
꽃잎 하나 말다 올린다

묻힌 세월 위에
먼지 앉고 또 그늘마저 자욱해도
한 뼘 맑은
마음으로 봄내를 응시하지만
무에 그리
스스러운지, 영……

그래도 그대

아름답도록
눈 씻고 귀 열어
맞이할 수밖에 큰 웃음으로.

닥나무의 외출
- 부처님 오신 날에

야산 기슭 수군거리던 닥나무 가족
한껏 여문 피질皮質로
잘라낸 상처 햇빛으로 동여매고
운문의 세계 보갑사로 외출하다

칠정오욕 무심으로 부서진
망연한 자리다다에
영담스님 삼매로 피워낸 꽃들
오롯이
풍경 소리에 갖춰 독경 중이다

지천년견오백紙千年絹五百이라
소신공양한 등신불처럼
닥나무의 영혼 녹음으로 살아
당신이 쏟아낸 마른 눈물 위에
한 다발의 자비를 묶고 있다.

내 모습에게

고향 바람 듬뿍 안고
푸른 하늘 바라보며
삶은 해처럼
웃음은 달처럼
꿈은 별처럼
풀섶 속에 키워가네.

혹한

구름 없는 하늘에서 내리는 서리
눈 없는 땅에서 솟구치는 얼음
언제 그렇지 않은 겨울 있었을까마는
바람 부는 모퉁이마다
웅크리는 당신들의 모습
스치는 자동차보다 급한 마음이구나

하늘의 해는 더욱 높아지고
한 번도 지우지 않았던 마음속의 열정
거리마다 촛불로 피어날 때쯤
시간에 쫓겨 가는 겨울 자락처럼
소스락 소스락 꾸물대다가
긴 기지개로 브른 환한 웃음이구나.

메주콩을 삶으며

잎새마다 흥청이던 붉은 울음이
배내골 물바닥으로 내려온 주말
어머니 젖 냄새 잊으려
콩솥 앞에 모인 열여섯 동기同氣들

아침 식탁에 놓인 된장 냄새
일 년 삭혀 피운 사랑들이다

기간제期間制처럼 놓인 세 개의 솥
갇힌 콩이 부르는 세월의 노래
간간이, 낙엽 위에 얹힌 바람 소리
신이 나 몸 뒤트는 아궁이 불

한 가마니 콩이 익고
막걸리 몇 병도 헤프게 가고
익어야 할 시간의 여유
형제들의 삶만큼 바쁘다

지푸라기 위에 누운 메줏덩이
얼마큼 지친 삶에 시달리다가

어느 날 문득 깨달아
애타는 몸짓으로 질그릇 그리워하며
환한 웃음으르 몸을 풀겠지

산들이 소리 없이 몸을 감추는 시간
얼추 정리된 하루의 값을 매기면서
콩솥에 대한 경이로움으로
된장 냄새는 동녘에 걸린 달과 나란하다.

산에 오르는 날

예순도 고비 넘긴 요즘
몇 시간 산자락 헤맨
무심으로 세운 열정
점심 식탁까지
그걸
더
즐기려
잔을 채운다
한 잔으론 건배
나머지는 자유다
작심한 석 잔의 자유
이즈음의 화려한 사치다.

폭우

겨울 지나고 초여름 넘길 때까지
운문호의 수면은 체면치레로 부끄러워했었다
실개천으로 변한 동창천에도
순한 강돌들만이 고개를 내밀고 미안해했었다

7월 어느 날
종일 폭우가 쏟아지고
동창천의 큰물은
밀양강을 바다로 만들었다

가끔 양지마을을 지나 오치고개를 넘었었다
생강나무꽃 그늘에 진달래가 피면
꽃냄새가 먼저 오치령을 넘어 기다리고 있었다
사과꽃 향기는 고개 너머 오실에서 바람이 되기도 했다

자욱한 구름 속에서 날개를 편 악마는
바위를 밀어 양지마을을 덮었고
조상의 혼을 부르는 정성은 아비규환이 되어
정의란

진실이란
섭리란
대답 없는 바람으로 허허롭다

희생자들의 넋은 어디쯤에서 숨을 고를까
내 진작의
한 톨 의심 없이 자연에 안긴
오치령 산행이 돌이킬 수 없는 뼈아픈 사치였을까.

쌍무지개 뿌리를 보았는가

소나기 한 줄기 신이 나 우쭐거리고
계곡 따라 그 웃거리던 짙푸른 나뭇가지들
시원한 바람으로 춤추게 하다

용암봉 두 자락 날갯짓으로
물소리 끌어 올려 쌍무지개 띄우다
무지개가 발을 담근 계곡 웅덩이엔
두런두런 동화가 피어나고
시간의 그물 위에는
세속의 가슴들이
광목처럼
성긴 빛깔로 포근히 바래진다.

코뚜레 꿰는 날

순둥이가 코걸이를 다는 날
봄비는 매화보다 낮게 내렸다

쇠죽솥 위에 걸린 코뚜레
참한 노간주나무 가지를 삶아
맑은 불에 구워낸 지도 오래다

며칠 전
나뭇가지 송곳도 갈비불에 벼렸다

돌상도 받지 못한 순둥이는
코청이 뚫리고
세상에서 가장 큰 코걸이를 달고서야
왕방울 눈처럼 어리둥절했다
어미소의 큰 하품은 울음이 되었다

순둥이의 코걸이는
축사 안에서도 완벽한 장식품이다
생각이 절제의 관습에서 빛이 나듯이

봄비는
안개 속에서 더욱 몸을 낮췄다.

감을 깎으며

오월이 끝날 무렵
담황색 작은 초롱 다투어 불 밝혀
자잘한 굴밤 같은 생명들
합창으로 여름 불러들이더니

하늘 땅 바람마저 햇빛에 절어
여름 내내 푸른 땀 흘린 보람 있어
드디어 감이란 이름 얻고
주황의 물결에 참여하였구나

시월도 기운 햇볕 좋은 날
잘 익은 감 한 바구니 씻어놓고
사각사각 소리 음미하며 껍질 벗긴다

한 개 한 개 속살을 보일 때마다
내 삶의 허물도 무너져 내려
마음 다잡고 감을 깎으며
가을볕에 익어가는 세월의 무게 가늠해본다.

산촌엔 눈이 내리고

여보게
괜찮은 얘깃거리 아닌가

장 씨의 처형 소식은
시도 때도 없이 도배를 하고 있는데
자욱한 구름도 아끼는 하늘에선
한가히 눈을 흘리고 있네

낮은 바람들은
나뭇잎 데불고 알은체를 하지만
산촌에 내리는 눈은
그들만의 춤으로 웃음이라네

부침개 한 접시 앞에 놓고
묻어 온 세진世塵과 씨름하다 보면
막걸리 가득한 막사발에도
건져내고픈 시제詩題들 자맥질인데

조곤조곤 흩날리는 눈송이 벗삼아
무심한 세월 한번 낚아보지 않으려는가.

외다리 갈매기

먼 대마도의 그림자
파도 위에서도 하얗다
갈매기의 깃털 위로 하늘이 내려앉고
모래 위로 스치는 바람보다
새는 날렵하다

물을 밟고 선 갈매기
그들의 시선은 언제나
물결이다
앙다문 노랑 부리 끝에는
무수한 언어들이 똬리를 틀고
이 겨울
어설픈 낭만에 대해 심사숙고 중이다

아련히 들려오는 범종 소리에
외다리로 선禪에 든
작은 갈매기
내 눈길 맞받으며 요지부동이다
말없이 던져주는 얘기 한 토막
……고만 가라

니들은 그기 믄젠기라
털 땐 털고 버릴 땐 버리야지 쯧 쯧……
외다리 갈매기가 불쑥 커버렸다.

햇살 좋은 날에

아침 햇살이
맑은 이슬에 젖어
유난히도 아름다운 날
암자 댓돌에 선
스님을 만났다

칠팔 년 화두를 들고도
부리지 못한 세진의 연이
낭랑한 법문에 실려
선지식을 찾고 있었는데……

잡초에 섞인 억새 머리에는
한 움큼의 햇살이 내려
여름을 이겨낸 삶의 무게를
바람 따라 산자락에 내려놓고
맑은 풍경 소리에 잠기어
무심한 낮잠 속에 빠져 있다.

콩의 꿈

하늘이 높고 푸를수록
콩들의 꿈도 화려하다

반듯한 두부도, 허물어진 두부도
잘게 부서진 알갱이로
단합의 힘을 과시한 막된장도
맑지도 탁하지도 않은 간장의 몸빛도
소리에 취한 돈나물의 맛깔도
두유도
청국장에도
높고 푸른 콩들의 꿈 다소곳하다

신문에 가로되
'대기업에선 두부 사업을 확장하지 말라'

이젠
거친 비탈에서 몸을 푼
콩들의 나들이에도
그들의 꿈 날갯죽지 속에 갇히었으니
섭리의 지혜

진리의 길 찾아 나서는
새로운 그대의 꿈 빛나겠구나.

봄 기운을 안고 눈이 내리다

소리 없이 자란 가슴속의 꿈
하얀 웃음으로 흐드러지다
세진의 더께 언제냐 싶게
눈부신 순수로 어루만진 선물
동녘 햇살 진실 가리기 전에
감싸고 또 감싸며
사랑해야지, 감사해야지.

눈길 터지다

질은 녹음의 열정
밤송이 가시 사이에서
가슴을 헤칠까 망설일 즈음
구름 거느린 화악산 기氣가
시원한 걸음으로 운주암에 내달아
부처님 발치에 가부좌를 틀다

신중탱神衆幀이 내지른 할喝 한마디에
눈길 닿는 먼 산마다
그림자들이 파르르 떤다

땀 흘리며 오른 속인의 속내
허한 마음속에서도 오롯이 쌓여 가는데
뭇 나무들 베고 자란 영겁의 무심
눈길로 터진
저 아득한 무량함을 무엇으로 거둬들일까.

비 오는 날에

젖은 땅 위에서
몸부림으로 내민 새싹들의 덕분인지
멀어졌던 기억들
오롯하게 서서 바람을 맞고 있다

맑은 햇살로
푸른 하늘이 더욱 푸르게 젖어 흐르는
망연한 한낮
줄줄이 몸을 낮춘 기억들

우산 위를 걷는 절제된 악보
왼쪽으로
오른쪽으로
쉼 없는 징검다리 되어
머릿속을 가득 채우는
비 오는 날의 선물.

달밤

어처구니들이 모여
어처구니 패거리당을 만들었다
서로 마주 보며 웃다가
엄청난 정강 정책에 골몰했다
반달이 서녘으로 몸을 낮출 무렵
어처구니들의 흔들리는 정수리에
하얀 서리가 내리고
어둠에 젖은 바람도 숨을 고른다
어디선가 죽비 소리 요란하고
흩어지는 어처구니의 민낯들에
새벽빛이 조용조용 엷은 화장을 입힌다.

갑오년의 고당봉

청매青梅빛 하늘 가운데로
솟구친 이념의 열정
단단히 벼른 마음 하나로
새해 인사들 분주하다

먼발치 강 흐름에선
꿈으로 빚은 돛슬로 가득한데
겨울새 날갯짓으로
금정산 향한 바람
귓전에서 풍성하구나

심신에 넘쳐나는 세진 감싸며
기어이 고당봉에 몸을 세우고
한
  둘
    셋
      넷
깊은 호흡으로 털어보지만……

감당할 수 있으랴

감겨드는 오온칠정五蘊七情의 더께
감사하며
또 감사하며
청매빛 하늘을 안아볼밖에.

하루의 소망

가을 바람 살큼씩 풀잎 위에 노닥이는
아침 하늘처럼

밤새
온갖 별빛 살라먹고
선연히 이슬 맺힌
바알간 홍시 내려다보며

그래
오늘도 너른 세상 좋은 친구 되어
햇빛 따라 해바라기 키우다가
산주름 노을 물들 즈음이면
가뿐히 내 빛깔 넘겨주고
그림자로 숲길 찾아
그대 손길 마주하고 싶다

내일을 위한 사랑
멀리서 가슴으로 익어오는 밤에
참한 꿈 갈피 갈피 펼쳐놓고
무시로
소리 없는 노랠 불러주고 싶다.

제 3 부

일상의 소중함

낙동강 스캔들

스캔들이 강을 포식시킨다
소화제를 살포할 날도 멀지 않았다

무궁화 열차가 강물 위에서
함께 흘러가고 있다
잠에서 덜 깬 햇살이
강 너머 산자락에서부터
지친 운무를 걷어내고 있다
한 줄로 선 굴삭기 굽은 등 위로
붉은 깃발 바람으로 치열한데
〈생명을 살리는 행복한 기적이 낙동강에서 시작됩니다〉
 낙동강은 경상도 마음들의 집하장
 북도는 강물을 살린다고
 남도는 강물을 죽인다고 아우성이다
 죽일 힘도 살릴 힘도 없는 입들이
 무시로 흘러가는 강물 위에서
 자맥질로 오락가락 전투 중이다.

먼 산마루에 기웃거리는 햇살이

유유히 바람을 몰고 온 강물 위로
열차의 긴 그림자가 거슬러가고 있다
〈낙동강이 살아나야 생명도 살아납니다〉
살릴 힘도 죽일 힘도 없는 오기들만이
지친 하루를 이끌고
덤벙거리며 내일의 전장戰場을 엮고 있었다.

우물의 전설
- 추억은 어디에 묻혔는가?

어릴 적
봄 여름 가을 겨울 쉼 없이
둥글고 큰 우물 아가리에서는
아침이면 하얀 이야기 피워 올렸지

내 어릴 적
그 얘기 속엔
차곡차곡 마을 채우고 싶은
신비로운 꿈 넘쳐흐르고 있었지

몇십 년
바람 따라 도회를 떠돌다가
문득 하얀 이야기 그리워
우물을 찾았지

흔적을 지운 우물가엔
후텁한 초여름 바람뿐이고
하얀 이야기의 추억은
거친 전설로 굳어져 있었지

이후 내 마음속에는
더 깊고 큰 우물 하나 생겨
추억으로 빤짝이는 햇살 기다리며
아침이면 하얀 이야기 피어 올렸지.

치수(-數)

잘려나간 끝동 두 개
마룻바닥에 널브러지다

치수에 따라 표준이 된 소매
생살을 잃고서야
내 친구로 고락의 짝이 되었다

표준이 된 치수
표준으로 살아갈 자력自力은 만무다

제 몫 찾으려 아옹거리지만
표준은 어느새 잘려나간 끝동처럼 널브러져
삶의 중심을 흔들어 놓고
'받아 들여'
목소리가 사뭇 진지하다.

갈림길에서

산을 오르다 보면
살아 남은 무수한 나무들이
겁 없이 햇볕을 막고
깊숙한 동굴 속으로 바람을 유인한다
어딘가 숨겨진 보물을 믿고
나비처럼 날아보지만
날개는커녕 땅에 젼 이마만 숨이 가쁘다

오늘도
몇 번의 갈림길에서 고민이다

내려오면서
오르며 흘린 땀방울의 흔적에
찾지 못한 보물에의 꿈이
휘익 흘리는 산새의 가락 속에서
아린 녹음으로 여물어
서녘 노을 속으로 걸음이 바쁘다.

소문에 대하여 1
- 쥐

며칠 집을 비운 사이
부엌을 차지한 쥐의 향연
칼날의 송곳니만 자랑하듯이
갉고 또 갉았다
너무 신이 나
주인의 소중함은 안중에도 없었다

주인이 돌아왔다
부엌은 축제의 난장
심려 후
출사표는 치열했다
응징

다락을 향한 계단에는
침묵의 기치 펄럭이고
전장엔
강력한 추천장이 빛나는
끈끈이가 포설되었다

시간은 순리에 맞춰 흘렀고

주인공은
몇 시간 혼신의 사투 끝에
깊은 사색으로
혼절의 길을 열었다

전리품에 주인은 달 같은 미소로 보답했다.

소문에 대하여 2
- 고양이

출장을 밥 먹듯 하는
과년한 딸이
콧수염이 유난히 곧은
얼룩고양이를 집 안에 들였다

첫애인 양
시간과
돈과
사랑을 어림없이 부었다

몇 달 후
임대 숙소를 전전한 고양이는
딸의 눈물과 함께
공수되어 이별식을 가졌다

돌아서는 딸에게
소리 없는 보살의 온화한 말씀
손녀라도 맡겼으면
눈물이라도 그왔을걸…….

머리카락

아직도 까만 머리 휘날리며
산을 오르는 친구가 있다
흑발은 무엇과도 어울린다
머리카락 하나하나마다
젊음의 상징들이 살고 있어
신나게 춤추고 또 으스댄다
그래, 솔숲 속에서도
바람의 걸음 가벼워지나니

언제부턴가 내 머리카락은
하얀 이야기를 듬뿍 담았다
세월로만 어떻게
백발에 다가설 수 있었겠는가
머리카락 하나하나에는
아무도 눈 하나 깜박여주지 않는
보석보다 귀한 전설이 숨어 산다
그래, 푸른 하늘 이고서도
무언의 웃음 가벼워지나니.

시에 대한 사랑

사랑 속에는
뭔가
부드러운 음률이 있고
아름다운 물감이 있고
놀라워할 얘기가 있고
함께할 춤사위가 있다

열정 속에는
나만의 하늘이 내려오기도 하고
어디선가 일어난 바람의 뿌리가 흔들리기도 하고
그대가 흔든 정념의 깃발 사이로
삶이 폭죽처럼 흘러내리기도 한다

시 속에는
옛 연인의 헤픈 웃음이 있고
하늘이 엮어놓은 새떼 구름이 있고
후보자가 침을 흘린 공약公約이 있고
금낭화 초롱이 흔드는 그림자가 있다

풍선처럼 떠다니는 가벼움으로

무시로
즐겁게 재단하는 시평詩評 속에는
겨자 씨를 닮은 시에 대한 사랑이
강물 되어 흐르고 있다.

시에 대한 사랑도 초라니의 웃음인가.

꽃향기

막 불혹에 발을 디딘 막내가
좋은 인연을 찾아
가정을 꾸린다는 소식이
꽃향기와 함께 전해왔다

반가움이 곱빼기가 되어
뜰에 핀 꽃들이 갑자기
빛깔도 향기도 야단들이다

며느리가 된다는 서현이가
혼자서
꽃다발을 들고 솔벗을 찾았다
꽃을 거느린 한 송이 꽃이었다

이후부터
지나가는 시간들이 모두
계곡의 물소리와 함께
흐르는 노랫소리가 되어 있었다.

길이란

발자국 분주했던 흙길 위로
말발굽 소리 요란했다가
반짝이는 은빛 바퀴
바람의 주인으로 당당하다

생명의 인연들이 바람처럼 흘러
허접스런 삶들 가둔
무쇠로 무장한
장한 길이여

당신이 지나온 흔적으로
역사의 끈을 묶을 즈음
삶이란
참삶이란
어떤 모습으로 울음 지을지

저기 건네지는 점등의 신호
신의 암시처럼 갈 길 재촉하는데
막상 내가 갈 방향은
안개 속 허공에서 흩어지는 열정이구나.

색깔에 대하여

가끔씩
색깔이 없어진 세상을 그려본다
사라진 것인지, 통일된 것인지 모를 세상을

바다 위에 떠다니는 물결도
언덕 위에 자라는 나무들도
제멋대로 피어나는 길섶 들꽃들도
어떤 모습이 되어 내 머릿속을 차지할까

해는 동녘에서 떠오르고
바람은 쉴 새 없이 나뭇잎을 건드리고
빠른 자동차와 느린 사람들이 뒤섞이는
빌딩 아래의 납작한 그림자들
색깔을 잃고 방황하는 그들의 몸짓들은
어떤 모습으로 내 판단을 채근할까

사랑으로 허덕이는 삶의 무게들
없어진 색깔에 대한 향수에 젖어
과연
안쓰러운 몸짓으로 눈물을 떨구긴 할까.

지켜보기

사랑
춤
노래 부르기에
푸른 하늘만큼 좋은 무대가
또
있을까
바람처럼 후한 협연이
어디에 또
있을까
툭
하는
감나무
우듬지로
쌍잠자리 날갯짓
열정으로 치솟고
외톨밤 몇 개
풀덤불 껴안고
선정에 들다

눈이 부셔
웃음이 맑다.

마음의 길

겨울의 끝자락이 파르르 떨고 있다
산등성이 넘어 하늘가에 앉은 봄기운은
보일 듯 말 듯한 망설임에도
제 흔적 차곡차곡 쌓아가고 있으니

신앙인과 신학자가 허공에서 만나
신의 삶을
내려다보기도 하고 쳐다보기도 한다.

꽃상여 타고
- 어느 날의 일기

詩題처럼 꽃상여 타고 구름처럼 흘러가게

북망향해 사설놓고
다리목엔 노자얻고
산비탈길 자진머리
어이어이 극락가게
목뼈압박 질식사로
숨못쉬어 답답하고
송장되어 병원왔네
말못하여 답답하고
예리한칼 가슴헤쳐
두번죽음 재촉하고
벽제화장 검은연기
골분상자 방망이질
임진강의 푸른물아
휘날리는 뼛가루에
흐르던물 멈춰서네
스물두살 앳된인생
추슬러서 데려가게
어이어이 극락가게

시신보고 엎드지어
죽음앞에 이른어미
푸른하늘 한점되어
너울너울 날아가네
밤차상경 얼떨결에
말문닫은 부친모습
손도떨고 발도떨고
와들와들 세상떠네
대공수사 용공세력
민중투쟁 시민봉기
체제수호 사회안정
독재타도 균형분배
장기집권 정권이양
모두모두 거두어서
꽃상여에 태워가게

　가만가만 흩어지는 상여 꽃송이 언제쯤 웃음으로 피어나려나.

반쪽의 귀환

구름도 파도도 가쁜 숨이다
함수도 함미도 잠영 중이다
갑판 위의 우렁찬 함성 이끌고
표연히 사라진 마흔넷 젊음이여
흐르는 눈물이 바람으로 일어나
덮고 또 덮어 암흑이 되었구나
어미 애비
아내도 자식도
주저앉아 시늉으로 애태우더니
스무 날을 물속에서 어둠을 먹더니만
떠오른 함미를 뒤로 하고
조국이여 조국이여 휘날리는 태극기

바지선에 실린 헤어진 함미
꼭꼭 당신을 안아 사랑했으나
그대 이루지 못한 꿈이 그리워
천천히 귀환의 깃발을 올렸구나
함수와 꿈이 바다 속에서 신음할 때
외외巍巍히 돌아온 당신들에게
'절반의 귀환'만으로도

높이 날게 하스서
높이 날게 하스서
사랑하는 사람들이여
빛나는 사람들이여.

시론詩論

시인이 시를 읽는다

대한 추위가 매섭게
골짜기를 탐닉하며 기승을 부리는 날
팽팽한 시위에 걸린
초승달 서녘 가로 기울고

두어 편씩 얼굴을 바꾸며
홀로 질주하는 그들의 세계 속에서
뭉긋이 피어날 시향詩香을 찾아
시인이 시를 읽는다

어지러이 널린 별무리들도
분답지 않게 자리를 잡고
넌지시 눈빛만으로도
겨울밤의 전설이 묵혀지는데

시어, 무대 위에 던져놓은 난삽한
심상, 꼬리 잃은 가오리연이 허공에서 꼬박거리는
비유, 풋복숭아를 깨물고 맛을 찾는

상징, 드러남과 숨김을 감추기 위해 질펀해진
어조, 주연도 조연도 구름에 쌓인
탈, 눈과 코와 입이 세월을 잃어버린

별은 빛나고 시간은 흐르는데
오리쿠중五里霧中이 시를 읽고
밤바람 소리가 시를 읽고
시인의 심장 속에서
시인도 시를 읽는다.

이별

세상에서
가장 깨끗하고
아름답고 꾸밈없는
한 송이 꽃을 마음에 담고
이제 태평양을 건너야 하네

오십여 일
동녘의 더 환한 웃음으로 아침을 열고
날마다 한 가지씩 새 보따릴 펼치며
칠십여 년 찌든 우리 주름 과거로 돌려놓고
우유 한 통 먹고 나면
꽃잎 하나 새로 올려 순진하게 보답하던
우리의 꽃 지효 곁을
이제
가벼운 마음으로 떠나려 하네

봄이 무르익는 오월 어느 날쯤
나비처럼 사뿐히 내려앉은 어버이 땅에서
아장아장 걷는 건강한 너
웃음으로 가득한 슬기로운 너의 모습

가슴으로 맞을 꿈 즐겁게 그리며
이제
부푼 가슴 소중히 안고
너의 곁을 떠나려 하네.

선물

세상에서 가장 값진 선물은
너의 맑은 웃음
엄마에게도
아빠에게도
진정 가슴 저리게 하는

세상에서 가장 값진 보물은
너의 천진한 몸짓
아빠에게도
엄마에게도
진정 가슴 저리게 하는

세상에서 가장 포근한 마음은
엄마 아빠의 사랑
한 송이 꽃으로 피어난
너에게
무럭무럭 세상을 열어가게 하는.

6월 12일
― 대한민국의 하늘 아래선

붉은 대-한민국의 악마는
어디에서 불러들였는가
저 열정의 함성을!

어디선가 촉촉한 빗줄기는 가슴을 채워
마음도 풍성해지는 해 질 녘
축 처진 잎들의 눈길에는 하늘이 낮고
기다리는 비 소식은 엷은 바람으로 날아갔어도
악마의 양 입가에는
날카로운 송곳니 뿔처럼 솟아
열한 명의 골잡이들 채근이 무섭구나

머리와 가슴
바람처럼 빠른 두 발들에 머문
대-한민국의 둥근 염원에
아폴로가 점지한 신탁이 빛을 잃었구나

오천 만의 가슴마다에
한 줄기 시원한 소나기로 안긴
2 : 0[*]

무지갯빛 황홀한
내 친구 아라비아 숫자의 승리여!

---

* 2010. 6. 12. 월드컵 그리스전에서의 승리.

동물원에서

모두 고향 잃은 짐승들이다

우뚝한 키에 순한 심성의 관을 쓴 기린
눈썹으로 멋을 부린
두 눈동자에 잠긴 애수의 거인 고릴라
한낮 햇별으로 포효를 새김질하는 사자
깊이를 가늠할 갈퀴를 감추고
흔들리는 나뭇잎에 턱시도를 맡긴 펭귄
속도계를 잃고 널브러진 사막여우
코끼리, 원숭이, 질주를 던져버린 호랑이

누군가의 센스에 의해 조종되는 길을 따라
자유, 자유
자유를 외치는 나그네들에게
그대들의 여유, 질서의 보상으로
가득 담길 선물의 보자기는 준비했는가

내 고향도 안개 속의 동물원이다.

북대암에서

밤새 내린 눈
두꺼운 이불 덮은 채
운문, 호거, 가지산이
포근한 맑음이네

산새 몇 마리
바위벽 지나 푸른 하늘에 그린
저 처연함
합장한 운문사 스님과
도반 되었구나

내 산새 따라
활짝 날개 펴고
골짜기마다 가득한
겨울나무 사이로
낮게 낮게 기도하고 싶네.

어?
- 새정치민주연합이라니

이 뭐꼬?

백련암 솔잎이 바람에 실려와
우수수 내려앉는 천둥인가

어젠 삼일절 만세 소리가
절절함이 바래 행복했는데

밤 서자 터져 나온 그들의 열정
주루룩 흐르는 눈물보다 처연하구나

차나 한잔 하게

바꾼 화두를 위해
한참이나 진지했던 마주한 손끝

차향으로 내려놓은 마음의 무게
찰탕이는 물빛으로 편안했는데

몇 날 밤 새우며 짠 넓은 그물로
파닥이는 외침 왁자하겠구나.

꿈의 날개를 편 그대들에게*

솔씨 하나 바람에 날려
기지개 펼 언덕배기 귀퉁이 작은 흙덩일 얻어
바람 따라 흔들리고
눈비 맞아 몸피 불리며
부지런히 자연의 섭리 따르고 일깨우더니
그대 웃음 안개처럼 자욱이 거느린
우람한 몸피 그늘에선
뭇 생명들 모여들어 삶의 노래 찬란하거늘

수만 리 푸른 하늘 두근거리며 건너
그대들이 뿌리내린 인고의 세월 뒤로 하고
이제
웅크린 날개 서서히 펴고
켜켜이 접었던 상자를 열어
웃음으로 펼쳐내는 자랑스런 꿈들
힘찬 그대들의 날갯짓 소리를
하늘도 두 팔 벌려 안으려는구나.

---

* 미국의 시너제이에서 세계인들과의 경쟁을 이겨내고 튼튼히 뿌리를 내려, 품었던 꿈을 당당히 펼치고 있는 한국의 젊은 공학도들에게 박수를 보내며.

일상의 소중함

볼 때마다 맑은 하늘 눈 속에 내려와
마음 씻어 맑혀주는 호수가 된다면
오월도 이우는 아침나절 햇빛보다 눈부신
꽃들의 잔치 벌이는 화원을 품고 산다면
날마다 뭇 색깔들이 시기하듯 춤을 추며
알몸으로 다가오는 산기슭이 내 뜰의 울타리라면
하늘
꽃
나무들에게
날마다 감사하며 마음 열어
짜릿한 아름다움으로 기도할 수 있을는지

아침에 일어나
건강
지효
아내
삶
이웃
또 다른 가족들을 확인하고
더없는 고마움에 가슴 설렌다면

세상에서 가장 값진 보물들이
내 곁에서 두근거리는
일상의 소중함을 살포시 안아는 줘야지.

제 4 부

바위의 꿈

만어사에서

대장 물고기 뒤로
만 마리 물고기가 비늘을 세우다
만어산 비바람이
인연 따라 머리 올린
석어石魚 사이마다 숨어들다

지금도
너덜겅 검은 그늘에는
퇴화한 지느러미 숨소리로 들리고
합장한 손끝마다
피어나는 가을 향기가
낙동강 흐르는 물빛에 감겨
만어영불萬魚影佛 환한 빛으로
세상을 덮는다.

월악산에서 자라는 미소

사방 연속무늬로 벙근 연꽃 송이에는
어디에서든 부처님 웃음이다
웃음이 얼굴에만 피어나랴

꽃잎 일렁이듯 산구름 피고
구름마다 장삼 너풀거려
바람 이는 곳마다 웃음인 것을

굳이 석가石家가 필요했을까
발아래 잡풀 우거지고
잡목 가지 드리우듯 웃음 드리우고
천 년을 눈 감지 않고
산과 마주한 당신이라도

어찌
세진으로 찌든 어리석음을 위해
후광과 어깨를 걸고
한 송이 연꽃을 피우지 않았겠는가.

찻잔에 뜬 그림

먼 바다 파도 소리
뭍을 만나 여위어지고
간기 먹은 바람으로 산을 넘는다

파란 하늘 쳐다보며
싱그러운 인사 나누다가
바람 손짓에 기지개 켜는
푸른 찻잎들의 웅성거림

다산 절필絶筆 사이로
마을간 새벽 물 끓이다가
초의에 스며든 맑은 불음佛音이
방울방울 차향으로 일어서는데

내 보성 다원 녹차 한잔으로
율포 해무 다 들이켜
씻고 또 씻은 마음
아내의 손안에 살포시 놓네.

임어당 선생

그의 명성 하늘에 닿았는지
무지갯빛 휘날리는 조명은 뿌리를 잃고
묘갈명은 작은 돌판 위에 누워 휴식 중

들리지 않은 그의 외침들이 나무를 키운다
생활의 발견이 넌짓 고개를 뽑고
찾아낸 지혜들이 서식하는 습지 모퉁이에서
흔들며 끄덕이며 연신 모자이크를 그리고

조작이 서툰 온몸으로
잘생긴 타자기 하나 만들어 놓고
글자판 위에 그린 분신
쪼개고 기운 글자는 눈물이 되고
눈물방울 자라 맺힌 렌즈에서
꽃으로 피어난 한 다발의 애증

당신 결 풀숲에서
바다보다 더 푸른 심장을 태우며
한 그루 금송으로 자라나는 믿음이 있어
우듬지로 향하는 작은 한 마리 새에게도
힘찬 날갯짓, 합장으로 맞는다.

바위그림

노인이
탁본 한 장과 개울가에서 졸고 있다

호랑이와 멧돼지
고래와 상어가
정지된 화살에 맞아 신음 중이다

믿음이 상형으로
다시 전설이 된 그림
얼굴 없는 주술이 승천하고 있다

세월이
오늘도 대곡천*에서 역사를 갈고 있다.

---

* 울산 태화강 상류인 대곡천 중간쯤에 반구대암각화(국보 제285호)와 천전리각석(국보 제147호)이 있다.

수변공원

먼 바다 제주섬이 태풍으로 잠긴 날
광안리 바닷가는 물결만 높았다
폭염 경보로 세상이 모두 뜨거워진 날
시인 몇몇이 수변공원에 자릴 깔았다
물오징어 몇 마리 썰어놓고
종이 컵에 물렁해진 소주도 부어놓고
돌아가는 세상사에서 시를 찾았다
머잖아 태풍이 남해안을 지난다는데
광안리의 출렁이는 물결만 보면서
언어는 갈수록 난해해지고
생각은 담담히 바람을 따른다
아무도 야무진 시를 찾았단 소리는 없었는데
후둑이는 빗방울에 자리를 털고
긴 그림자 끌며 귀갓길이다
대교의 손끝마다 아리게 매달린 불빛으로
검은 바다 속으로 한 줄의 시들을 빠뜨릴 때쯤에
제주를 벗어난 태풍의 회오리는
보이지 않는 길을 만들어 수변공원에서 쉬고 있었다.

별에의 꿈

절절한 꿈
하늘에 점점이 박아놓고
서툰 비손
마음 놓이지 않아
온몸으로 쪼아
곁에 둔 우주
일곱 개의 별
찬란히 빛나는
운주의 꿈

스산한 눈발 헤치며
헤진 마음들 덮고 있다.

골레타* 잔교(pier) 위에서

막 해를 안은 어둠으로 태평양은
물비늘만으로도 평온하다
먼 바다 노을의 흔적으로
바닷가 언덕에는 가끔씩 물빛 화장한
긴 다리 물새의 실루엣이 다정하다
느린 걸음으로 시간을 재우는
풍만한 백인의 여유가
세월을 이긴 바람과
잔교 위의 이인삼각이다

해안은 삼백 미터로 멀어지고
마지막 막아선 잔교 난간에 등을 기대고 서니
주섬주섬 던져 넣는 낚싯줄의 섬광
더부룩한 언어들이 갉는 귓바퀴의 스멀거림
바닷새의 배설물들이 춤춘 다다**의 붓질
그리고……
낯설어 편안해진 출렁이는 바다

언덕 위에 떠 있는 UCSB***의 뜰엔
가벼워진 가로수의 불빛 따라

야자수의 휘어진 모자들이 동행하고
학생들이 흘린 땀방울이 모여
맑은 가을 하늘 별 하나 되어
초롱초롱 이슬 머금어 웃고 있다.

---

* 미국 Califonia주 해안가에 있는 소도시
** Dadaism
*** Univercity of Califonia Santa Barbara

다시 골레타 잔교에서

광안리 바닷가에선 언제쯤 일어났을까
허허로운 태평양을 건널 땐 무엇이 친구였을까
부드러운 온기를 품고
저처럼 물결과 속삭이며
낯선 해안의 주인을
가슴 열고 이웃처럼 받아들인다

4년의 시간이 부서지는 사이
야자수의 손들도 차례를 바꾸듯
막내의 가장자리에도
이런저런 꿈들이 새로 피어나
넓은 그물망으로 자라고 있다

가족이 늘어난다는 건
축복의 성숙
외발로 선 갈매기들이 대양의 주인이듯
너의 엉성한 꿈들도
자녀들의 사랑으로 익어가리라.

마이산 1

먼 산 눈의 빛깔로
푸른 하늘이 파르르 떤다
두 귀를 수직으로 세우고
세상 온갖 풍파를 걸러
낮게 낮게 정을 나누려는지……

일월의 매서운 바람이
산굽이마다 신음을 흩뿌릴 즈음
갈기도 발굽도 세월에 묻고
세운 두 귀만으로
채찍 소리 넓지 울리어가는

하늘만 한 쌍둥이 안테나.

마이산 2

먼 산기슭 종루에서 잠 깬 사물四物이
만나는 귀마다 때를 지운다

거친 바다에 갇혀
겁겁 년 몸부림 친 업보 얻어
솟구친 앙증한 우주

바람 따라 흐르는 사물에
귀를 맡긴 채
시린 계곡에서 참선 중이다

마이 앞에 서면
부부가 속삭인 한 줌의 사랑도
안개처럼 무언의 날개를 얻어
피어나는 웃음으로 가뿐하다.

연곡사燕谷寺에서

산은 안개비를 몰고 와
마음속의 부처님을 씻기고 있다
어디 손이라도 모아
마음 빌어 서진 털어낸다면
소리 없는 ㅁ소로도 우레 되겠다
여기저기 오월의 수런거림
피아골 녹음들을 불러 모으고
돌 틈 초롱한 풀꽃 얼굴마다에
갓 씻어 단장한 향기를 풀다.

먼 여행

사랑하는 사람들과 떠나는 여행

목탄차 밀며 불어낸 입김이
아울린 안개로 피어나고
건너뛴 세상에는 눈꽃으로 풍성하다

천년 풍설風雪로 물들인
주목의 가지마다엔 매운 설움 매달아두고
저어기, 바람골로 내려서는 늠름한 눈빛

호랑이의 장대한 포효도
깊은 발자국만으로 살아 있어
깃발 휘날리는 수리도 하늘처럼 행복하다

설피 위에서 담아낸 심장의 고열
터져버린 낭만의 성긴 그물 사이로
숨길 수 없는 즐거움이 폭포로 부산하다

눈빛으로 떠나는 사랑의 먼 여행.

다시아홉산에서진달래꽃을만나다

 스물네시간을기다리지못해작년보다하루빨리아홉산작은봉우리에서분홍손수건으로꽃물을짜다
 삼월내내아홉산을집적이던여린바람도오륜대호수속에나들이가고숨바꼭질하던봄살들도분홍손수건위에서휴식중이다
 먼도심아파트위로불황의봉홧불질어가지만손수건마다입맞춤하는너의정열이세월보다한결정결하다.

나리분지

자연과 마음은 한통속이다
절벽을 만나면 마음도 절벽이고
분지를 만나면 마음은 바다다
너와집 술막에서 건넨
한 잔의 토주
먼 바다 이야기 담겨
야생화 향기로 익어간다.

홀로 산다는 것은

태극기는 거친 파도에 화합한다
흔들어도
또 흔들어도 멈출 수 없는
실존으로
바탕을 맞는다

셀 수 없는 먼 옛날
끓이고 끓인 아픔으로 낳은
두 형제의 나신
세월이 빚은 속진 켜켜이 쌓여도
누구도 다가갈 수 없는
허허로운 바다의 한복판에서
자신을 지켜내는 그의 침묵

내 어눌한 언어가 깨운
잠
독도는
태극기로서 웃음바다다.

성인봉

바다는 벼랑을 타고 산을 오른다
지네보다 더 많은 발톱을 세우다가
뱀처럼 유연하게 몸을 비비며
털머위 잎사귀 밑으로 몸을 숨긴다
산등성이 고로쇠 군락지에서 허리를 펴고
멀리 제 몸을 밀어 올린 다른 파도에게
다정히 손을 흔든다

산꼭대기도 온통 바다다
땀 흘리며 기어이 만난
聖人
한 덩이 바위 위에 새겨진 상징도
짠 향에 절어 묵언이다

이제
거친 호흡 가다듬고
울렁이는 울릉의 정수리에서
사람다운 길을 찾아
서툰 노를 저을 뿐이다.

유엔기념공원

저 펄럭이는 참전국들의 깃발 속에는
목숨 건 젊은이들의 염원이 당당하다
60여 년 세월을 이긴

조국과 민족을 지켰던 불 같은 함성은
언제나 역사의 텃밭에서 산화하지만
허허로운 낯선 땅 한국전쟁에서
평화와 정의를 지켰던
유엔군의 장렬한 희생은
여기
세계사의 주춧돌이 되어 빛나고 있다

노란 제복으로 아장거리는
한 무리 유치원생 눈망울엔
2,300개 묘비는
꿈일까, 순수일까

오늘도 세계 유일의 유엔기념공원은
정의
평화
영혼의 합창으로 우렁차다.

뉴욕 Centeral Park에서

공원 관목 그늘에서
부지런히 발품을 팔고 있는
나와 링컨만큼의 몸매가 다른 참새들도
자유며 권리며
선악에 젖은 사람들에 싸여
미래는 생각하고 있는지
검거나 가무스레하거나 하얀 얼굴로
그려낸 상징 그리고
낯익은 나의 얼굴로 활보하는 친구들
빌딩에 싸여 왜소해진 숲속에서
푸른 숨결로 역사를 만들어 가는
그래도
미래에 승부를 걸며 주고받는 웃음엔
공원의 심장이 뛰고 있다
참새의 종종거리는 뜀박질의
꿈.

양명산陽明山과 임어당林語堂

비 오면 녹음 우거져
그늘 찾는 새들 즐거워하고
양명 어른 큰 산 되어
뭇 생명 거느렸으니

즈믄 해 버텨낸 주자의 혼
낡은 보자기에 싸여
대만 해협 어딘가에 파도 되었을까

양명산 자락 한 그루 금송처럼
실사實事의 혼 힘차게 자라
임어당 붓끝에서 꽃을 피웠네

또닥 또 도 또닥
산자락 딱새의 울음에 실려
종이 위에 모습 드러내자
주인 양반 신기한 듯 웃음 짓네

머리와 손이 손을 잡아
역사를 키우니

양명도 임어당도 다정한 이웃으로
양명산 녹음 속에서
한 무더기 구름으로 피어나네.

천왕봉에서

숲이 우거지면 하늘도 따라와
큰 산의 품으로
빛깔을 드리운다
아무도 훼방 놓을 수 없는 웅숭깊은 몸짓으로

몇 시간을 걸어도
산은 산으로 남고
나에게 들려주는 동화는
모두 나뭇잎으로
조롱조롱 얽힐 뿐이다

숲이 끝나는 하늘 방석엔
천왕天王의 바람 소리 싱싱하고
쉼 없이 차오르는 섬진강의 물비늘도
푸름 속에서 산이 되고 있었다.

초원의 일몰

 태양이 풀잎 끝자락에 몸을 누인다 종일 광활한 대지 가장 높은 곳에서 자선을 베푼 뒤끝이라 뭇 벌레들의 이별굿도 자욱하다 이른 아침 아득한 삼나무 숲속에서 얌전히 머리를 푼 바람들도 초원을 지나며 긁힌 상처들을 보듬고 붉은 저녁놀 속으로 몸을 감춘다
 감성에 몸을 맡긴 한 떼의 관광객들이 둥글게 둥글게 손을 잡는다 손끝마다 진한 풀내음이 밀려들어 동심마다 함박웃음이다 풀잎에 걸린 빛이 강강수월래와 조우한다 잠시 둥글래 속에서 마지막 몸을 푼 태양이 빛을 거두며 손을 흔든다 아쉬움의 칸타타가 장엄하다
 풀밭 위로 적막이 흐른다 무수한 세월로도 찾지 못한 지혜의 냇물이 하늘을 가로질러 흐르고 있다 일몰의 선물이다 내몽고의 초원이 아주 천천히 둥그런 세상을 만들어 가고 있다 어느덧 가슴 한복판에 그려진 담채화에도 냇물이 흘러가고 있었다 어둠과 함께
 내일이면 아득한 삼나무 숲에선 바람보다 먼저 햇살이 기지개를 켜며 무심을 무너뜨리겠지.

만남

아스라한 기억 속
관촉사 미륵부처님의 미소
풍성한 주머니를 아낌없이 열어줄
마음씨 천 근 같은
충청 양반의 모습이었는데

깊고 긴 인연 닿아
낯선 땅 산타바바라에서
부처님 미소보다 한 수 위
지효*의 얼굴에서
맑은 웃음의 세계가
한 송이 꽃으로 피어나고 있었네.

---

* 지효는 첫 손주 이름임.

바위의 꿈

비탈진 너럭바위
누운 채 부처 되다

부분夫婦지 격 없는 보살인지
잡은 손 더욱 단단한 바위가 되다

반듯이 누워 뜬 눈자위 속
새파란 하늘, 별무리 송두리째 쏟아 담기다

아득한 시간쯤
손잡고 장엄하게 일어서는 날

곰살궂은 눈빛
세진 거두어 환한 누리 펼쳐내려나.

활짝 웃는 〈부산한글〉

오천 년 한민족이 다듬은 옹골진 말밭에
세종께서 북을 돋운 간결한 글발으로
반천 년도 훨씬 넘게 인연을 쌓아
빛나는 얼과 삶을 다듬어왔으니
장한 모습 우리말 우리글 외쳐 찬양하여라

한자에 짓눌려 기를 펴지 못할 때도
서슬 푸른 칼날이 목을 죄어올 때도
세계화를 빌미 삼아 외국어가 아우성인 때도
마음마다 자리 잡은 한글 사랑 있었기에
너와 나 당당하게 역사 위에 서 있구나

학문의 변방이라 괄시 받던 우리 고장
외솔, 눈뫼 앞장서서 국어 사랑 펼치시고
〈부산한글〉 선 뵌 지도 서른 해를 꼽게 되니
이제는 앞장서서 한글 운동 펼쳐가는
가슴 펴고 해를 맞는 부산 시민 되었구나

열정 모아 새롭게 태어나는 〈부산한글〉 31집
회원들 울을 넘어 시민들의 친구 되고

동백꽃도 피게 하고 갈매기도 웃게 하는
부산이 자랑하는 종합지로 발전하여
세계인이 부러워하는 한글 세상 만드소서.

김이상 제3 시집
영금영금 터벅터벅

2024년 10월 28일 인쇄
2024년 10월 30일 발행

지 은 이 | 김이상
펴 낸 이 | 이병우
펴 낸 곳 | 육일문화사
주　　소 | 부산시 중구 복병산길6번길 11
전　　화 | (051)441-5164 팩스 (051)442-6160
이 메 일 | book61@hanmail.net
출판등록 | 제1989-000002호

* 이 책의 저작권은 저자에게 있습니다.
* 저자의 허락 없이 내용의 일부를 인용하거나 발췌하는 것을 금합니다.
* 잘못된 책은 바꿔 드립니다.

ISBN 979-11-91268-63-8 03810

값 10,000원